LOS COHETES ESPACIALES

Maria Koran y
John Willis

EYEDISCOVER

Ve a **www.openlightbox.com**
e ingresa el código único
de este libro.

CÓDIGO DEL LIBRO

AVG84363

EYEDISCOVER te trae libros mejorados por multimedia que apoyan el aprendizaje activo.

Published by Lightbox Learning Inc.
276 5th Avenue, Suite 704 #917
New York, NY 10001
Website: www.openlightbox.com

Library of Congress Control Number: 2021950529

ISBN 978-1-7911-4401-2 (hardcover)

Printed in Guangzhou, China
1 2 3 4 5 6 7 8 9 0 25 24 23 22 21

122021
102521

English Editor: John Willis
Spanish Editor: Ana María Vidal
Designers: Mandy Christiansen
Spanish/English Translator: Translation Services USA

Lightbox Learning Inc. acknowledges Getty Images, Alamy, and Shutterstock as the primary image suppliers for this title.

EYEDISCOVER proporciona contenido enriquecido, optimizado para el uso en tabletas, que complementa este libro. Los libros de EYEDISCOVER se esfuerzan por crear un aprendizaje inspirado e involucrar a las mentes jóvenes en una experiencia de aprendizaje total.

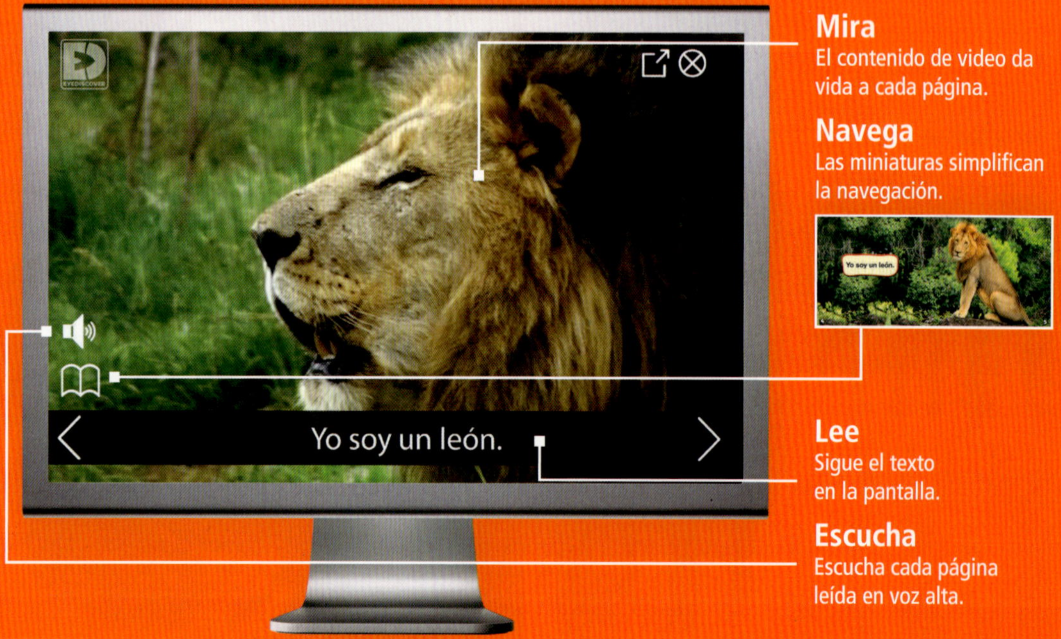

Tu EYEDISCOVER con Seguimiento de Lectura Óptico cobra vida con...

Audio
Escucha todo el libro leído en voz alta.

Video
Los videos de alta resolución convierten cada hoja en un seguimiento de lectura óptico.

OPTIMIZADO PARA
- ☑ TABLETAS
- ☑ PIZARRAS ELECTRÓNICAS
- ☑ COMPUTADORES
- ☑ ¡Y MUCHO MÁS!

LOS COHETES ESPACIALES

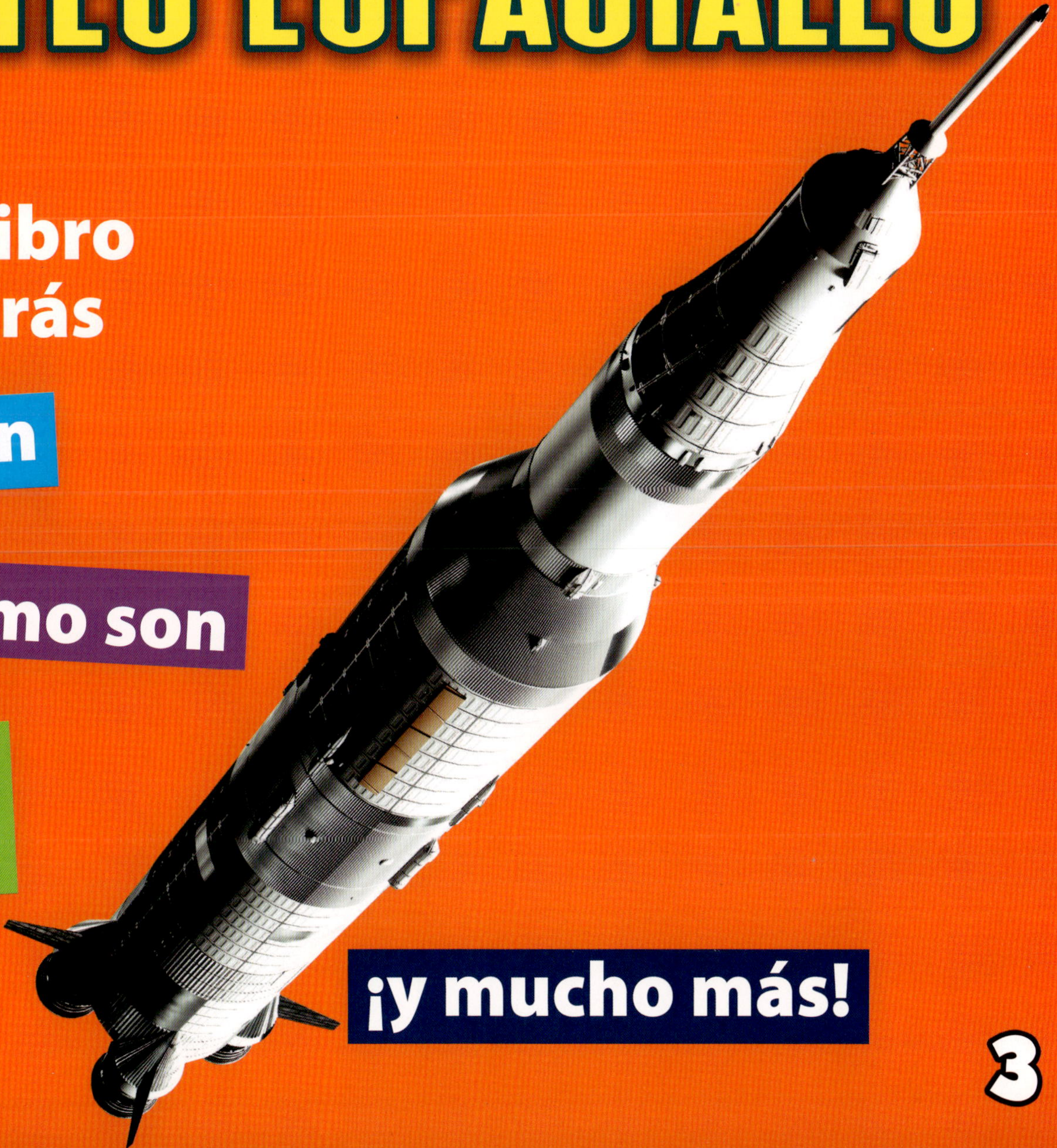

En este libro aprenderás

- qué son
- cómo son
- cómo se usan

¡y mucho más!

Los cohetes son herramientas que se construyen para llevar cosas al espacio.

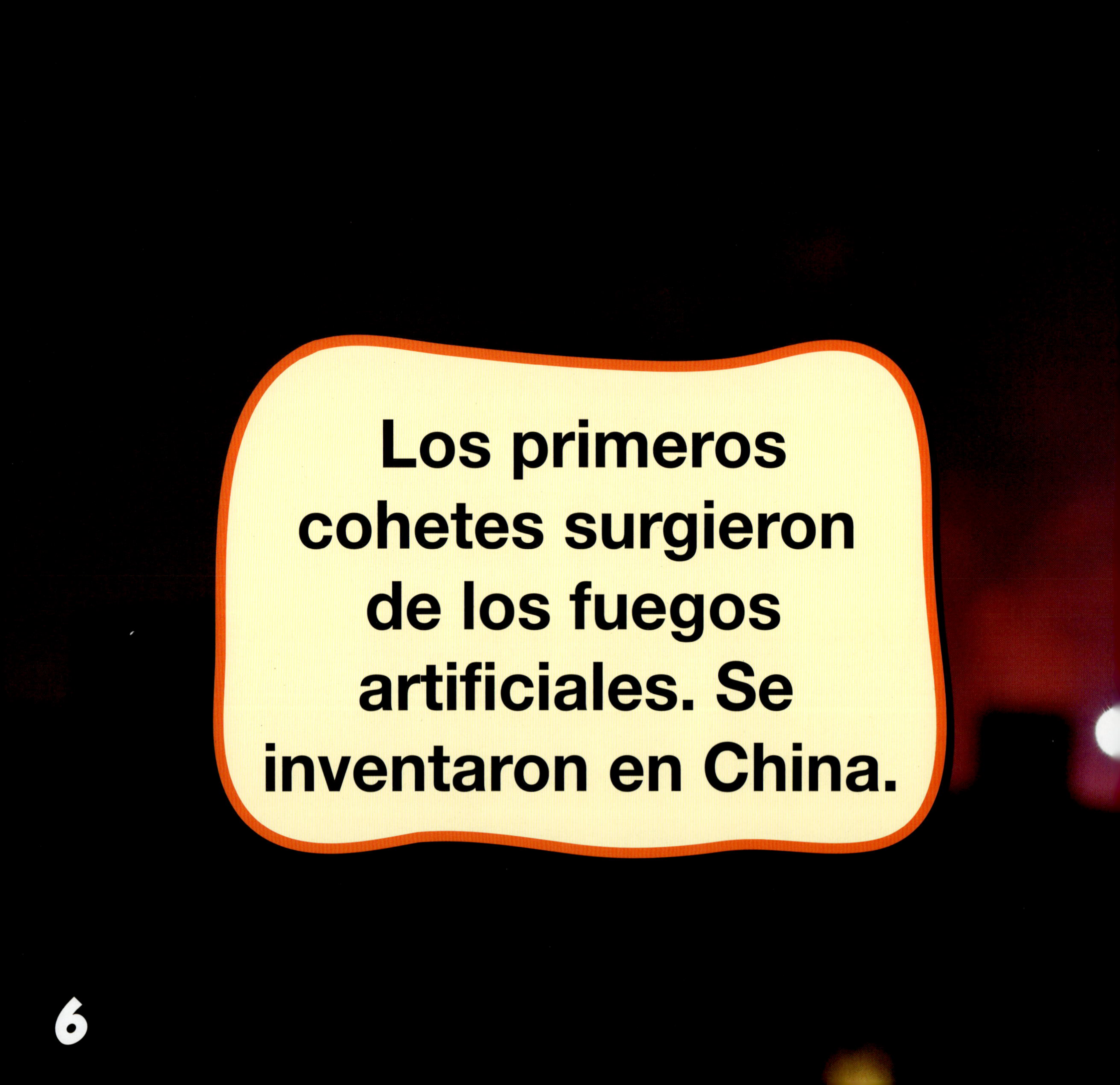

Los primeros cohetes surgieron de los fuegos artificiales. Se inventaron en China.

SPACEX
NASA

Hoy, los cohetes espaciales son muy grandes y están hechos de metal.

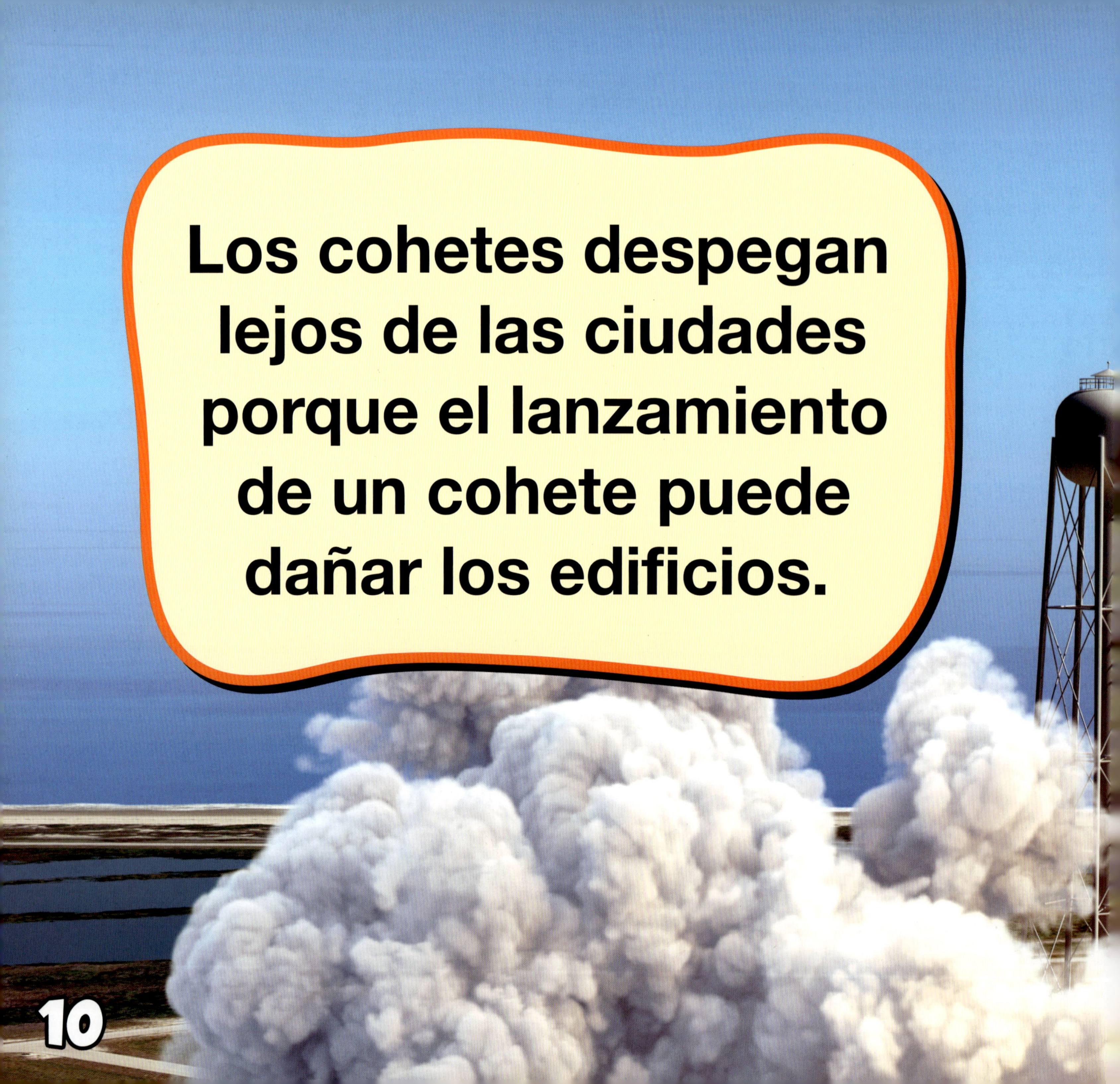

Los cohetes despegan lejos de las ciudades porque el lanzamiento de un cohete puede dañar los edificios.

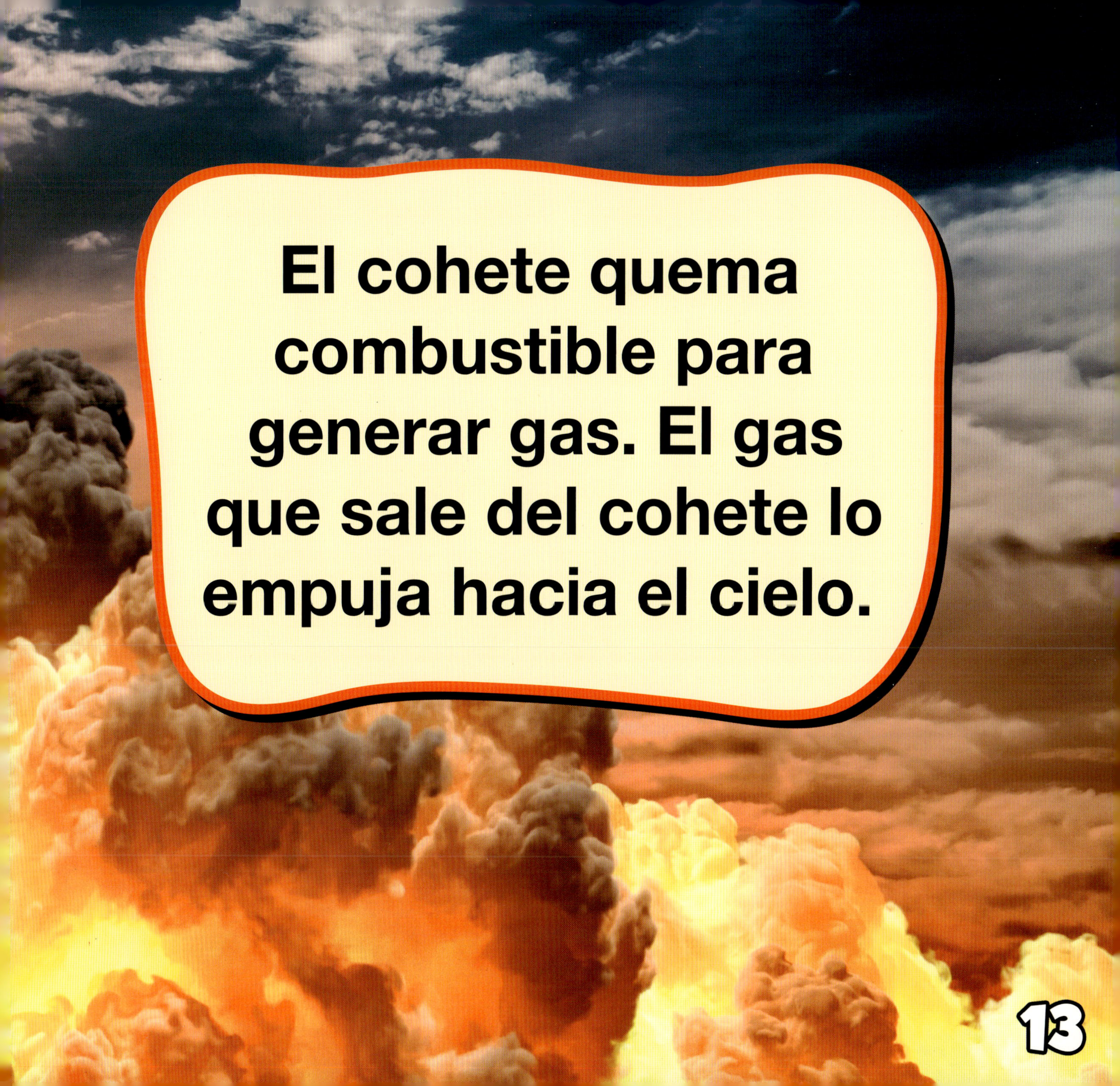

El cohete quema combustible para generar gas. El gas que sale del cohete lo empuja hacia el cielo.

Algunos cohetes pueden alcanzar una velocidad de 15 000 millas por hora en solo ocho minutos.

Los motores de los cohetes no necesitan aire. Por eso, pueden funcionar en el espacio.

Los cohetes llevan satélites al espacio. Los satélites se usan para aprender sobre la Tierra y el espacio.

Los cohetes también llevan gente al espacio. Estas personas se llaman astronautas.

LOS COHETES ESPACIALES EN NÚMEROS

El **primer cohete** en llevar gente a la **Luna** se lanzó el **16 de julio de 1969**.

En **1957**, un **cohete** llevó por **PRIMERA VEZ UN SATÉLITE** al **espacio**.

El cohete MÁS ALTO que se construyó medía **363 pies de altura** (110 metros).

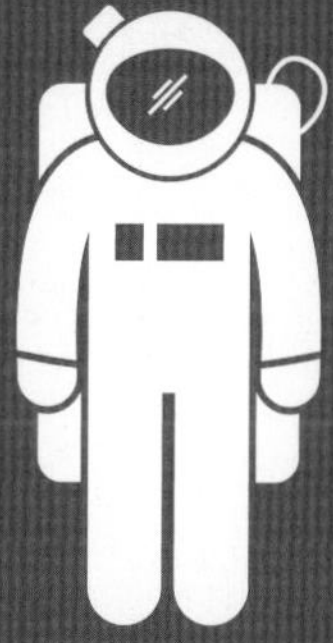

Más de **550 PERSONAS** han **viajado al espacio**.

La **mayor** cantidad de **satélites** llevados al espacio **por un solo cohete** ha sido **143**.

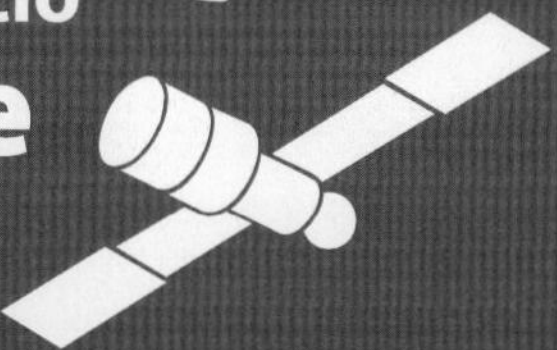

Algunos cohetes **muy potentes** pueden llevar **260 000 libras de carga** al espacio (118 000 kg).

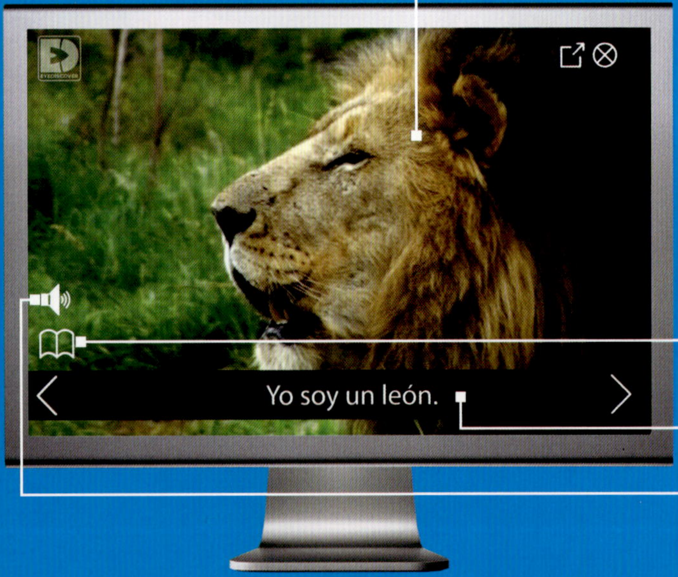

Mira
El contenido de video da vida a cada página.

Navega
Las miniaturas simplifican la navegación.

Lee
Sigue el texto en la pantalla.

Escucha
Escucha cada página leída en voz alta.

EYEDISCOVER

Ve a www.openlightbox.com e ingresa el código único de este libro.

CÓDIGO DEL LIBRO

AVG84363